Funny Fantasy Ed...

DOLCI E LECCORNIE
Libro da colorare

Immagini simpatiche di un dolce mondo fantastico che incoraggiano la creatività e il divertimento dei più piccoli

**Il libro perfetto per gli amanti della fantasia
e del divertimento da colorare!**

CPSIA information can be obtained
at www.ICGtesting.com
Printed in the USA
BVHW022102140423
662364BV00005B/185